JUAN PABLO II

Un papa al encuentro de los pueblos

Por Benoît-Joseph Pedretti
En colaboración con Pierre Frankignoulle
Traducido por Marina Martín Serra

Historia en50MINUTOS.es

JUAN PABLO II

- **¿Nacimiento?** El 18 de mayo de 1920 en Wadowice (Polonia).
- **¿Muerte?** El 2 de abril de 2005 en la ciudad del Vaticano.
- **¿Pontificado?** De 1978 a 2005.
- **¿Canonización?** El 27 de abril de 2014.
- **¿Principales aportaciones?**
  - La apertura de la Iglesia católica al mundo moderno y la puesta en marcha de las reformas del Concilio Vaticano II.
  - Una influencia política de primer plano durante la caída de los regímenes comunistas del Este europeo en 1989.
  - El desarrollo de una pastoral de proximidad con la visita de 129 naciones.
  - La promoción de una doctrina social para la protección de los derechos humanos y la lucha contra la pobreza.

«¡No tengan miedo! [...] Abran a su potestad salvadora los confines de los Estados, los sistemas económicos y los políticos [...]» (misa solemne de entronización, homilía). Con esta llamada a la esperanza, Juan Pablo II inaugura su pontificado el 22 de octubre de 1978. Elegido papa de la Iglesia Católica Romana con gran sorpresa para todos, Karol Wojtyła es un hombre profundamente atípico. Primer cardenal no italiano que accede a la función después de cuatro siglos, viene del otro lado del Telón de Acero, de esta Polonia de profunda tradición católica, bajo el yugo comunista desde 1944.

Rápidamente, impone su estilo encarnando una verdadera renovación de la función. Hombre de Iglesia, se dedica a promover la identidad cristiana, a transmitir un mensaje de tolerancia hacia un máximo número de gente y a reavivar el diálogo interreligioso. Jefe de Estado, utiliza su talento en la escena diplomática mundial para convencer e influir en los regímenes totalitarios con un talento y una vitalidad que, sin duda, lo elevan al rango de los papas más grandes del siglo XX.

LA VIDA DE JUAN PABLO II

UNA VOCACIÓN TARDÍA

Karol Józef Wojtyła nace el 18 de mayo de 1920 en Wadowice, una pequeña aldea de Galitzia cerca de Cracovia, en el sur de Polonia. Adolescente apasionado por el teatro y autor de numerosas obras, pronto comprende el poder dramatúrgico del verbo. En un principio desea seguir una carrera de actor, pero termina apuntándose a la universidad Jaguelónica de Cracovia para realizar estudios de letras, y se especializa en filología polaca. En 1939, con el cierre de las universidades por el ocupante nazi, Karol dirige representaciones teatrales clandestinas, que ve como un medio de resistencia. Reclutado a la fuerza en la cantera de piedra Zakrzówek y luego en la fábrica química Solvay de Cracovia, descubre la dura tarea del trabajo manual del obrero.

En 1942, decide llevar a cabo una carrera religiosa. Primero es aceptado en el seminario clandestino organizado por el arzobispo de Cracovia, Mons. Adam Sapieha (1867-1951), luego se familiariza con la espiritualidad y estudia las obras de san Luis María Grignion de Montfort (sacerdote francés canonizado en 1947, 1673-1716), antes de ser ordenado sacerdote el 1 de noviembre de 1946. Continúa su formación en teología en el Angelicum, la universidad dominicana de Roma, donde aprende español y francés antes de defender su tesis sobre *La Fe según San Juan de la Cruz.* En paralelo, viaja y descubre en Bélgica y en Francia nuevas formas de evangelización modernas que le seducen.

De vuelta en Polonia en junio de 1948, lo nombran cura de Niegowić y luego, en marzo de 1949, de la parroquia universitaria San Florián en Cracovia, donde pone en marcha numerosas actividades destinadas a los jóvenes. Igualmente, es asistente en la universidad y escribe, en 1953, una tesis de filosofía, titulada *Valoración sobre la posibilidad de construir la ética cristiana sobre las bases del sistema de Max Scheler* (filósofo alemán, 1874-1928). En una Polonia ahora comunista, critica la ideología marxista de Stalin (hombre de Estado soviético, 1878-1953) aunque no adopta posturas públicas.

UN OBISPO COMPROMETIDO, UN CARDENAL MILITANTE

Karol Wojtyła es ordenado obispo el 28 de septiembre de 1958 por el papa Pío XII (1876-1958) y, entre otros, está a cargo de la pastoral de los estudiantes en calidad de auxiliar del arzobispo de Cracovia. Con 38 años, es entonces el obispo más joven de Polonia. Sin demostrar un activismo desenfrenado, se dedica con energía a la defensa de la Iglesia católica, maltratada por el régimen autoritario de la República Popular de Polonia, apoyando la construcción de una iglesia en Nowa Huta, una ciudad obrera privada de lugar de culto.

Durante el Concilio Vaticano II (1962-1965), participa en el debate de modernización de la Iglesia apoyando el rol de los laicos y el diálogo ecuménico (es decir, que preconiza la unión de todas las Iglesias cristianas) como portavoz natural del episcopado polaco. El papa Pablo VI (1897-1978) se fija en él, y es nombrado arzobispo de Cracovia el 30 de diciembre de 1963. El 26 de junio de 1967, con 47 años, se convierte en el cardenal de la Iglesia Romana más joven. Entonces, defiende con convicción a los estudiantes, la comunidad judía y los obreros, perseguidos cada uno a su turno por el régimen comunista. Prioriza la cuestión de los derechos humanos y predica con entusiasmo en Roma en 1976, donde los otros cardenales le conocen.

En 1978, tras la brutal muerte de Pablo VI, Juan Pablo I (1912-1978) es elegido papa, pero muere a su vez tras solamente 33 días de pontificado. Entonces comienza un nuevo cónclave. Tras ocho votaciones y para sorpresa general, Karol Wojtyła es elegido papa de la Iglesia católica el 16 de octubre de 1978. Tiene 58 años y adopta el nombre de Juan Pablo II.

UN PAPA FUERA DE LO COMÚN

Primer papa eslavo de la historia del catolicismo y primer papa no italiano desde 1523, es un papa absolutamente fuera de lo común. Con la voluntad de asegurarse un contacto de proximidad yendo al encuentro de los fieles, gana visibilidad. Para llevar a cabo su cometido, sale de Roma e incluso de Italia. A través de 104 viajes por todo el mundo, deja que lo vean más de 500 millones de fieles.

Defensor ardiente de la dignidad humana y de la democracia, denuncia la pobreza y todas las formas de opresión. En varias ocasiones, se encuentra con la Madre Teresa de Calcuta (1910-1997), por la que siente una gran admiración. Durante varios viajes en América Central y del Sur, se opone firmemente a los regímenes totalitarios. Con una apertura de mente no dogmática, mejora sensiblemente el diálogo entre las religiones y coloca una primera piedra con la reunión de una primera Asamblea Interconfesional en Asís, en 1986, alrededor de 194 otros primados o jefes religiosos. El mismo año, lanza las Jornadas Mundiales de la Juventud (JMJ), destinadas a promocionar un mensaje religioso entre los creyentes más jóvenes. Sin embargo, algunas posturas categóricas sobre el aborto, los anticonceptivos y el celibato de los curas causan polémicas a veces agitadas.

Pero Juan Pablo II es también un jefe de Estado que, aunque sea un micro Estado, está dotado de una influencia política internacional real. Así, contribuye en gran medida a la caída del Telón de Acero mediante una acción centrada en Polonia al lado de Lech Walesa (hombre de Estado polaco, nacido en 1943) y mediante las intervenciones reiteradas ante el Gobierno de la URSS. En el año 1990, se opone a la guerra en Irak y, en 1991, durante una de sus visitas a Polonia, denuncia la deriva muy marcada de la sociedad capitalista.

¿SABÍAS QUE...?

Durante su pontificado, Juan Pablo II participó en 1475 entrevistas con personalidades políticas, de las cuales 738 fueron con jefes de estado.

Afectado por la enfermedad de Parkinson, sus apariciones son cada vez más poco frecuentes desde comienzos de la década del 2000. Muere el 2 de abril de 2005, tras un pontificado que habrá durado más de 26 años, el tercero más largo de la historia.

Beatificado el 1 de mayo de 2011 por su sucesor, el papa Benedicto XVI (nacido en 1927) y canonizado el 27 de abril de 2014 por el papa Francisco (nacido en 1936), ya forma parte de los santos de la Iglesia católica y se celebra el 22 de octubre.

JUAN PABLO II Y POLONIA: DEL OCUPANTE NAZI A LA INTEGRACIÓN EUROPEA

Es en un contexto muy particular, marcado por la violencia extrema, que el joven Karol Wojtyła se forma clandestinamente, en el corazón de una Polonia primero ocupada por los alemanes y luego bajo la influencia soviética. De ello conservará, una vez convertido en papa, un sutil arte de la diplomacia.

El 1 de septiembre de 1939, Polonia es invadida por la Alemania nazi, lo que provoca la Segunda Guerra Mundial (1939-1945). Tras el pacto secreto germano-soviético, la Unión Soviética invade a su vez Polonia el 17 de septiembre, borrando al país del mapa por cuarta vez en su historia: una parte del territorio polaco se anexiona directamente al Reich, otro a las repúblicas bielorrusa y ucraniana de la URSS, mientras que la parte central permanece administrada por los nazis con la instalación de un gobierno general en Cracovia. El ocupante desea aniquilar todas las formas de resistencia mediante la erradicación de las élites polacas: los intelectuales —incluyendo 189 profesores de la Universidad de Cracovia, que se cierra—, funcionarios y religiosos son encarcelados y deportados. Se prohíben los seminarios, se cierran los teatros y se suspenden los periódicos. El exterminio de la comunidad judía en Europa se organiza metódicamente a partir de Polonia. Cerca de 20 000 judíos, que constituyen casi una cuarta parte de la población de Cracovia, son deportados. En enero de 1945, cuando la guerra está llegando a su fin, la ciudad es liberada por el Ejército Rojo y se integra a la nueva República de Polonia. El país se encuentra ahora bajo la influencia comunista.

En 1958, el nuevo obispo de Cracovia, Karol Wojtyła, debe posicionarse frente a este entorno totalitario naciente. Como al principio solamente manifiesta una opinión moderada, las autoridades consideran que no representa un peligro para el régimen. Algunos, sin embargo, critican su débil compromiso, incluso evocando una cierta complacencia con el poder. No es hasta 1964, después de convertirse en arzobispo, que muestra abiertamente opiniones hostiles hacia el comunismo. En 1970 y luego en 1976, intenta apaciguar la represión de las revueltas obreras y la presión, cada vez más fuerte, que sufren las autoridades religiosas. A continuación, es espiado.

Su elección como Papa en 1978 estalla como un trueno en el mundo comunista. En junio de 1979 viaja a su tierra natal, donde su popularidad es considerable. No duda en defender las libertades de asociación y de expresión ante las autoridades polacas, a las que toma por sorpresa e incomoda particularmente. Durante la revuelta de los obreros de Gdańsk en 1980, Lech Walesa, fundador del movimiento *Solidarność* («Solidaridad»), hace colgar retratos del nuevo papa en los tablones de los astilleros en huelga. Por lo tanto, impone el arbitraje de Juan Pablo II, que solamente puede mostrar un sólido apoyo a la causa polaca. Cuando el general Jaruzelski (hombre de Estado polaco, 1923-2014), acabado de nombrar dirigente del país, declara la ley marcial en diciembre de 1981, Juan Pablo II trata de calmar la agitación para evitar el baño de sangre: vuelve al lugar de nuevo en 1983 y reafirma su apoyo a los opositores al régimen.

Visita de Juan Pablo II a Polonia en 1979.

Durante los años ochenta, multiplica las acciones diplomáticas contra Moscú y fortalece los lazos con la administración Reagan (hombre de Estado estadounidense, 1911-2004) mediante un fructífero intercambio de información confidencial. Consciente del trabajo de Juan Pablo II, Mijaíl Gorbachov (nacido en 1931), entonces líder de la URSS, declara en 1992 que «nada de lo ocurrido en Europa del Este en los últimos años habría sido posible sin la presencia de este Papa, sin el gran papel —incluso político— que desempeñó en el escenario internacional»[1] (Dziwisz 2007, 214). Esto demuestra la importancia de su trabajo.

---

1. Cita traducida por 50Minutos.es

Valiéndose de una doble autoridad moral y política, defendió los derechos humanos ante la comunidad internacional pronunciando inspirados discursos ante las Naciones Unidas en 1979 y en 1995, ante la UNESCO en 1980, o incluso ante el Parlamento Europeo en 1988.

En 1989, después de la caída del muro de Berlín, las repúblicas de Europa Oriental ponen fin al comunismo, una tras otra. El 1 de enero de 1990 se proclama la Tercera República de Polonia, que se acerca poco a poco a Occidente al incorporarse a la OTAN en 1999. Cuando desaparece el fantasma comunista, Juan Pablo II advierte a sus compatriotas de los peligros del capitalismo. Además, aboga por una integración necesaria pero progresiva en Europa. Polonia se une a la Unión Europea el 1 de mayo de 2004.

LA ACCIÓN DE JUAN PABLO II EN TODO EL MUNDO

UN COMUNICADOR TROTAMUNDOS

Juan Pablo II demuestra desde muy temprano un pensamiento verdaderamente independiente. De esta forma, en primer lugar observa detenidamente el funcionamiento institucional y la organización de la Iglesia romana con el fin de formarse una opinión personal, libre de usos y costumbres. A continuación, comparte sus ideas a través de discursos bien estudiados, que redacta personalmente, y no duda en alterar el protocolo de la Curia cuando lo estima necesario. También favorece el contacto directo con los fieles y se deleita en los baños de multitudes hasta que en 1981 atentan contra él.

Convencido de la necesidad de una comunicación sólida y del poder de la imagen en una sociedad cambiante, ofrece ruedas de prensa a veces improvisadas, e incluso en avión. Asimismo, establece audiencias semanales en las que se dirige a la multitud en la plaza de San Pedro. Un total de más de 18 millones de católicos vienen a verle en Roma durante su pontificado. Además, vela por recibir en encuentros privados a peregrinos anónimos y a jefes de Estado, que acuden a su encuentro: más de 1500 personas tienen el privilegio de hablar con él personalmente.

Juan Pablo II de visita a Nueva York en 1979.

En aras de promover un mensaje misionario universal, multiplica los nuncios apostólicos, actuando como embajador de la Santa Sede en el extranjero; así, al final de su pontificado, se pueden contar 174 delegaciones papales de este tipo, es decir, una en cada país. Es un gran viajero y parte al encuentro del mundo. De naturaleza a veces política, a veces religiosa, a veces de ambas, estos viajes se orquestan cuidadosamente y sus apariciones son muy mediatizadas: retomando la práctica del papa Pablo VI, besa el suelo cada vez que pisa un nuevo territorio.

¿SABÍAS QUE...?

Juan Pablo II realizó 104 viajes, visitó 129 países y recorrió más de un millón de kilómetros, lo que equivale a dar la vuelta al mundo 28 veces. Es también el primer Papa que visitó el Reino Unido, Marruecos, India y Australia.

JUAN PABLO II Y AMÉRICA LATINA

El Papa viaja en repetidas ocasiones a América Latina, como es el caso de su visita a México en 1978, durante la que visita el santuario de Nuestra Señora de Guadalupe. Defiende a la población indígena y denuncia las injusticias y las vulneraciones de los derechos humanos. En julio de 1979, durante un viaje a Nicaragua, critica enérgicamente a los sacerdotes convertidos en ministros en el gobierno sandinista y, en junio de 1980, denuncia el compromiso político de los teólogos de la liberación en Brasil. Esta corriente, nacida a finales de los años sesenta en América Latina, tiene la intención de conciliar el cristianismo y la revolución mediante la movilización de las masas populares contra la injusticia. Aunque apoya la lucha contra la pobreza, no tiene la intención de fomentar las revoluciones armadas. Los religiosos no tienen que derrocar los gobiernos y Juan Pablo II condenará enérgicamente esta forma de ideología premarxista.

Sin embargo, cuando las dictaduras arremeten contra los ministros de la Iglesia, el Papa reacciona con vehemencia, sobre todo después del asesinato del arzobispo Oscar Romero en El Salvador en 1980, o cuando en 1987 pide al general Augusto Pinochet (oficial y hombre de Estado chileno, 1915-2006) que renuncie a su cargo y devuelva el poder al pueblo chileno.

UN PAPA EN EL PUNTO DE MIRA

Aunque el Papa se expone por todas partes y, más en particular, en países que a veces son hostiles al catolicismo, es en el medio de la plaza de San Pedro en Roma, mientras 20 000 personas están congregadas para escucharlo, que es víctima de un atentado el 13 de mayo de 1981. Un joven turco de 23 años, Mehmet Ali Ağca (nacido en 1958), dispara tres veces al Papa prácticamente a quemarropa con una pistola automática de 9 milímetros. Herido, Juan Pablo II es operado de urgencia, pero no hay ningún órgano vital afectado y no se teme por su vida.

El estupor es profundo y las hipótesis se multiplican: ¿es un acto aislado o alguien lo ha ordenado? ¿Se trata de la voluntad de un desequilibrado o de una conspiración islamista o, incluso, de una conspiración soviética? Este punto nunca se ha resuelto.

En 1982, durante una visita al Santuario mariano de Fátima (Portugal), el Papa resulta herido de nuevo, esta vez a manos de un integrista español, Juan María Fernández y Krohn (nacido en 1948), armado con un puñal. La lesión es leve y la información se oculta cuidadosamente al público.

Desde ese momento, se imponen medidas drásticas de seguridad: el Papa ya solamente se desplaza en un coche elevado, acristalado y blindado, apodado el «papamóvil».

UN MENSAJE UNIVERSAL

Con ganas de llevar un mensaje religioso ya no únicamente

occidental, sino que tendría un alcance universal, Juan Pablo II lanza en 1984 las Jornadas Mundiales de la Juventud (JMJ). Estos encuentros tienen como objetivo llegar a los adolescentes y adultos jóvenes en busca de su identidad, y toman la forma de reuniones periódicas, que se celebran cada dos o tres años. El éxito es inmediato y la décima edición, celebrada en Manila, Filipinas (10-15 de enero de 1995) reúne hasta cinco millones de jóvenes alrededor del Sumo Pontífice.

Mientras tanto, Juan Pablo II favorece la expansión de movimientos fanáticos cuestionados en mayor o menor medida, como la Renovación Carismática o el Opus Dei, pero también la promulgación de un catecismo universal.

EL CATECISMO DE LA IGLESIA CATÓLICA

El Catecismo de la Iglesia Católica, también conocido como *Catecismo universal* es una obra destinada a instruir a los fieles de la fe católica. Con más de 650 páginas, incluye los principales puntos del dogma divididos en cuatro secciones sobre el modelo del Catecismo Romano editado al final del Concilio de Trento (1545-1563):

* la profesión de fe;
* la celebración del misterio cristiano;
* la vida en Cristo;
* la oración cristiana.

Después de nueve versiones sucesivas, se aprueba en

1991 y se publica en 35 idiomas en 1998. Juan Pablo II sigue de cerca su desarrollo y lo concibe como una herramienta para explicar claramente la doctrina, mientras que da respuestas concretas y valiosas a las preguntas sobre la vida cotidiana de los católicos. En 2005, Benedicto XVI publica una versión abreviada incluso más didáctica.

Con motivo del Jubileo del año 2000, Juan Pablo II invita a millones de peregrinos a Roma para celebrar el Año Santo, celebrar el bimilenario de la Iglesia y profundizar su fe personal que está en el corazón de la comunidad universal cristiana.

Finalmente, la reconciliación con los grandes principios de la humanidad está en marcha. Galileo (matemático y astrónomo italiano, 1564-1642), condenado por la Iglesia en 1633 por demostrar que la tierra gira alrededor del sol, recupera su honra en 1992. La teoría de la evolución, demostrada por Darwin (1809-1882), vuelve a situarse en un primer plano en 1996, enterrando así las viejas disputas entre la ciencia y la religión.

¿SABÍAS QUE...?

Juan Pablo II es autor de numerosas obras religiosas y seculares:

- 3 obras de teatro;
- 14 encíclicas;
- 22 libros;

- 42 cartas apostólicas;
- 20 351 discursos.

UN IMPORTANTE PASO ADELANTE EN EL DIÁLOGO INTERRELIGIOSO

El deseo de acercamiento entre las religiones, sin sincretismo (fusión de doctrinas distintas), es una de las claves de la acción de Juan Pablo II. Se manifiesta en un principio mediante un diálogo ecuménico entre las religiones cristianas. De este modo, se pone en marcha un acercamiento con los protestantes en torno a una declaración conjunta con la Iglesia luterana en 1998, pero también con la Iglesia ortodoxa, durante una visita a Rumania en 1999 y a Grecia en 2004. Solo los ortodoxos rusos rechazan la mano tendida, probablemente por razones tanto políticas como puramente religiosas —Juan Pablo II nunca es recibido en la URSS.

También se da un importante paso de acercamiento hacia el judaísmo, el islam y el budismo. En contacto con la cultura judía desde la infancia y testimonio de la deportación durante la Segunda Guerra Mundial, reconoce al Estado de Israel en 1993 y, del 20 al 26 de marzo de 2000, realiza una peregrinación en Tierra Santa. Va a Belén y luego a Jerusalén, al memorial de Yad Vashem y al Muro de las Lamentaciones, donde se disculpa por los actos antisemitas cometidos por los cristianos a lo largo de la historia. También muestra una intensa actividad diplomática con el Islam, marcada por sus visitas a Turquía, Marruecos o Túnez. Es también el primer papa en poner un pie en una mezquita, entrando en la de los Omeyas en Damasco (Siria) en mayo de 2001 para rezar sobre las reliquias de San Juan Bautista. Por último, se reúne con el Dalai Lama, Tenzin Gyatso (nacido en 1935), en cinco ocasiones entre 1980 y 1990. Entonces, se tejen entre ambos lazos de amistad y de respeto mutuo.

Pero el principal símbolo de este diálogo interconfesional, momento culminante del pontificado de Juan Pablo II, sigue siendo el Encuentro de Asís, que se abre el 27 de octubre de 1986 alrededor de una Jornada Mundial de Oración por la Paz. Anunciada con motivo del Año Internacional de la Paz proclamado por la ONU, reúne a cerca de 200 líderes o representantes religiosos para reafirmar el compromiso de todos en la búsqueda de una paz mundial duradera. Con un gran éxito, este día se repite en 1993 y 2002 y luego su sucesor hace que se repita en 2011.

¿SABÍAS QUE...?

Juan Pablo II dio un nuevo impulso al culto a los santos, elevando a la dignidad de benditos o santos a personas cuya fe cristiana fue particularmente notable o heroica. Así, se celebran 1338 beatificaciones, incluyendo la de la Madre Teresa de Calcuta en 2003, y 482 canonizaciones.

POSTURAS QUE A MENUDO SIRVEN DE INSPIRACIÓN, PERO QUE A VECES SON ARRIESGADAS

En innumerables discursos, el Papa se muestra riguroso ante los principios de la fe y de la moral tradicional, como en el caso de la encíclica «Veritatis Splendor» en octubre de 1993, donde se exponen las bases teológicas y antropológicas de la moral. Las posturas que adopta son a menudo muy personales y muchos se oponen a ellas, incluso dentro de la Iglesia Católica.

Algunos sienten que va demasiado rápido, entre los que destaca un pequeño grupo de integristas agrupado alrededor de Mons. Lefebvre (hombre de Iglesia francés, 1905-1991), que considera que la aplicación del Concilio Vaticano II y las reformas iniciadas por Juan Pablo II son demasiado progresistas y contrarias a la tradición de la Iglesia. Esto le conducirá a hacer secesión, ordenando él mismo a obispos. El grupo es excomulgado en 1988.

Otros creen, en cambio, que no llega lo suficientemente lejos en las reformas: designa al teólogo conservador Joseph Ratzinger (nacido en 1927), futuro Benedicto XVI, a la cabeza de la Congregación Romana para la Doctrina de la Fe. Así, algunas posturas intransigentes defendidas con ahínco chocan contra las realidades del terreno o con el contexto regional. Retendremos, por ejemplo, cómo en 1994 (año de la familia) recuerda los fundamentos de la teoría de la sexualidad, que pretende reconocer solamente la relación entre dos personas en el matrimonio tradicional, lo que confirma la oposición de la Iglesia a la unión extraconyugal, a la homosexualidad y a la anticoncepción, considerada superflua y en contra de la procreación natural. La rigidez de su postura en contra del uso del preservativo como método anticonceptivo o de lucha contra las enfermedades de transmisión sexual es condenada enérgicamente, en vista de los estragos del SIDA en África. Por último, su oposición al aborto, a la eutanasia y a todas las formas de eugenesia, todo equiparado indiscriminadamente con el asesinato, provoca acalorados debates. Por otra parte, el mensaje de Juan Pablo II sobre la prohibición de los sacramentos a los divorciados, del matrimonio de los sacerdotes y de la ordenación de las mujeres —prácticas a menudo existentes en otras confesiones cristianas—es especialmente mal recibido. *A contrario*, pide en 2001 que se denuncien sistemáticamente los abusos de menores cometidos por parte de sacerdotes en aras de la transparencia.

REPERCUSIONES

UNA REFORMA DEL CATOLICISMO

Las reformas del Concilio Vaticano II se ponen en marcha ampliamente con el establecimiento de un rito en lengua vernácula, finalmente legible y visible para los fieles. El principio de la libertad religiosa se reafirma, así como la fe como planteamiento autónomo salido de una toma de conciencia personal y no impuesta por un conjunto de reglas a seguir. Incluso la Curia, administración poderosa del Estado del Vaticano, mayoritariamente en manos de los italianos, se reforma, se democratiza y se renueva. El papa nombra a 232 nuevos cardenales, originarios de todo el mundo, y a 3500 obispos, con el fin de dotar a la Iglesia católica de una representatividad y legitimidad mundial indiscutible. A esto se le añaden algunos efectos corolarios, como el fomento de nuevas formas de espiritualidad o de congregaciones fuera de las estructuras parroquiales o episcopales de la Iglesia tradicional. Así, en Francia se crea la comunidad de El Arca, para las personas con discapacidad, y la del Emmanuel, nacida del movimiento carismático; en Italia, se crea la Comunidad de Sant'Egidio para luchar contra la pobreza.

UNA RENOVACIÓN DEL MENSAJE RELIGIOSO

El mensaje religioso pretende ser universal y ahora es objeto de una verdadera comunicación a todos los niveles a través de los medios modernos. El cambio de la imagen del papado permite una entrada de lleno en el siglo XX; a partir de este momento, el papa es accesible. Pasa del estado de icono intocable al de ser humano profundamente comprometido con la lucha contra la desigualdad y a favor de los derechos humanos. Se deja ver en todo el mundo donde se hace sentir una oportunidad de intervención religiosa con una mecánica cuidadosamente orquestada. Esta promoción permite ante todo reforzar una doctrina social, con el objetivo de fomentar la democracia, denunciar la pobreza y todas las formas de servidumbre humana.

La apertura a otras religiones a través de un diálogo pacífico allana el camino para la idea de una acción conjunta contra los fanatismos y a favor de la paz mundial. Además, la oposición a la teología de la liberación se basa en el principio fundamental de una religión no violenta, cuyo objetivo no es el de convencer, coaccionar y convertir al otro al precio de la sangre.

UN PAPEL CADA VEZ MAYOR EN EL PLANO INTERNACIONAL

Las repercusiones de su pontificado también tienen un carácter altamente político y están marcadas por un fuerte compromiso por su parte. Políglota —habla siete idiomas además de su lengua materna—, Juan Pablo II se permite tener una verdadera proximidad con sus interlocutores, a menudo ahorrándose los traductores oficiales. Tomando la dirección contraria de las dudas y dilaciones altamente controvertidas de Pío XII respecto el nazismo y el fascismo, Juan Pablo II es un papa comprometido contra todas las formas de totalitarismo. En particular, hace una cruzada contra el comunismo, del que padeció los perjuicios en el bloque del

Este en su Polonia natal. Multiplica las acciones diplomáticas y las muestras de apoyo respecto a los opositores de los regímenes comunistas, y contribuye en gran medida a su caída. Por el contrario, no respalda las revoluciones populistas en América Latina, en países enmarcados por violentas dictaduras y con una mayoría de la población católica.

EN RESUMEN

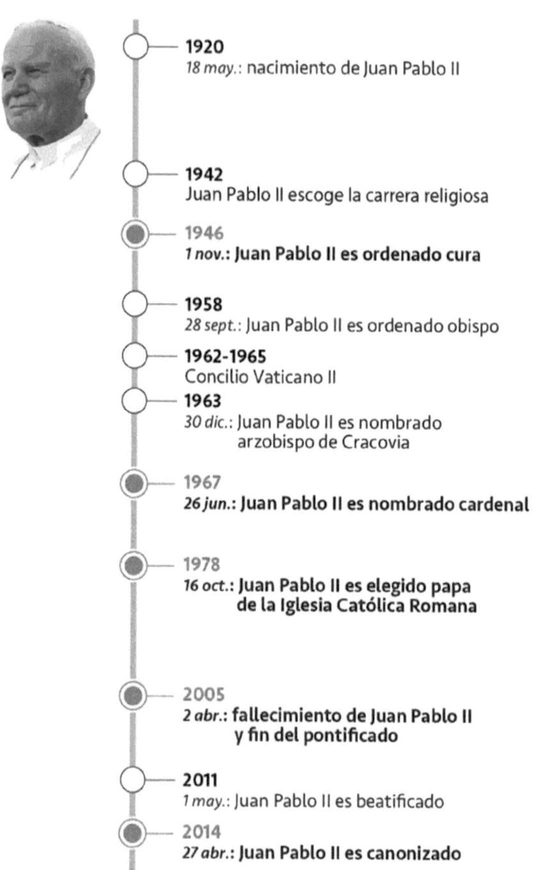

1920
18 may.: nacimiento de Juan Pablo II

1942
Juan Pablo II escoge la carrera religiosa

1946
1 nov.: **Juan Pablo II es ordenado cura**

1958
28 sept.: Juan Pablo II es ordenado obispo

1962-1965
Concilio Vaticano II

1963
30 dic.: Juan Pablo II es nombrado
arzobispo de Cracovia

1967
26 jun.: **Juan Pablo II es nombrado cardenal**

1978
16 oct.: **Juan Pablo II es elegido papa
de la Iglesia Católica Romana**

2005
2 abr.: **fallecimiento de Juan Pablo II
y fin del pontificado**

2011
1 may.: Juan Pablo II es beatificado

2014
27 abr.: **Juan Pablo II es canonizado**

- Nombrado obispo de Polonia con 38 años, Karol Wojtyła es nombrado arzobispo de Cracovia en 1963 en el momento del Concilio Vaticano II. Después de la muerte repentina del papa Juan Pablo I en 1978, y contra todo pronóstico, es elegido papa de la Iglesia católica el 16 de octubre de 1978 a los 58 años, y toma el nombre de Juan Pablo II.

- El primer papa eslavo de la historia, originario de un país sometido al bloque comunista, Juan Pablo II es un papa atípico. Gran comunicador, desarrolla una pastoral universal a través de sus 104 viajes por todo el mundo, en 129 naciones diferentes. No duda en dirigirse a los jóvenes con el lanzamiento, en 1984, de las Jornadas Mundiales de la Juventud.

- Partidario del diálogo entre las religiones, innova al iniciar el primer encuentro internacional de casi 200 primados o los líderes religiosos en Asís en 1986 alrededor de una Jornada Mundial de Oración por la Paz. Inicia un procedimiento de arrepentimiento para pedir perdón solemnemente por los excesos cometidos por la Iglesia católica contra otras religiones a lo largo de la historia.

- Promueve los principios de la moral tradicional, pero se opone a la anticoncepción, al aborto y al matrimonio de los sacerdotes, lo que no deja de suscitar encendidas polémicas.

- Defensor acérrimo de los derechos humanos, desempeña su papel de jefe de Estado conduciendo una acción diplomática sostenida. Se opone a los regímenes totalitarios de América Latina y multiplica las intervenciones con los gobiernos de los países comunistas, lo que contribuye al fin de los regímenes del bloque del Este y la caída del muro de Berlín en 1989.

- Muere en 2005, dejando atrás un pontificado que habrá durado más de 26 años y sin duda habrá marcado la historia del siglo XX. Beatificado y luego canonizado en 2014, actualmente es santo de la Iglesia católica.

PARA IR MÁS ALLÁ

FUENTES BIBLIOGRÁFICAS

- Dunglas, Dominique. 2006. *Jean-Paul II. 1920-2005.* Mónaco: Éditions du Rocher.
- Dziwisz, Stanislaw. 2007. *Une vie avec Karol.* París: Seuil.
- Frossard, André. 1982. *"N'ayez pas peur!" Dialogue avec Jean-Paul II.* París: Robert Laffont.
- "Jean-Paul II" En *Larousse.* Consultado el 4 de mayo de 2015. http://www.larousse.fr/encyclopedie/personnage/Jean-Paul_II/125809
- Lecomte, Bernard. 1983. *Jean-Paul II.* París: Gallimard, colección *Biographies.*
- Página web de Église Catholique En France, "Biographie de Karol Wojtyła, pape Jean-Paul II". Consultado el 4 de mayo de 2015. http://www.eglise.catholique.fr/vatican/les-papes-recents/beatification-de-jean-paul-ii/370704-biographie-de-karol-wojtyla-pape-jean-paul-ii/
- Página web de Radio Vaticano, "Memoria de Juan Pablo II: *¡No tengan miedo! ¡Abran las puertas a Cristo!,* 35 años del inicio de su Pontificado", 2013. Consultado el 7 de abril de 2016. http://es.radiovaticana.va/storico/2013/10/22/memoria_de_juan_pablo_ii_%C2%AB%-C2%A1no_tengan_miedo!_%C2%A1abran_las_puertas_a/spa-739354
- Vircondelet, Alain. 2004. *Jean-Paul II. La vie de Karol Wojtyła.* París: Flammarion.

FUENTES ICONOGRÁFICAS

- Visita de Juan Pablo II a Polonia en 1979. La imagen reproducida está libre de derechos.
- Juan Pablo II de visita a Nueva York en 1979. Foto por J. O'Halloran. La imagen reproducida está libre de derechos.

PELÍCULA Y DOCUMENTALES

- *Jean-Paul II, pèlerin et poète.* Documental de Véronick Beaulieu-Mathivet y Maurice Tanant. Francia: 2004.
- *Karol: El hombre que se convirtió en Papa.* Dirigida por Giacomo Battiato, con Piotr Adamczyk. Italia-Polonia: 2005.
- *Jean-Paul II. L'Empreinte d'un géant.* Documental de Daniel Costelle e Isabelle Clarke. Francia: 2005.

ESTATUAS CONMEMORATIVAS

- *Juan Pablo II,* estatua de bronce del escultor italiano Oliviero Rainaldi, en Roma, mayo de 2011-noviembre de 2012.
- *Juan Pablo II,* estatua de piedra del escultor polaco Leszek Łysoń, en Częstochowa, Polonia, abril de 2013.
- *Juan Pablo II,* estatua de bronce del escultor ruso-georgiano Zourab Tsereteli, Plaza Jean XIII, catedral de Notre-Dame, en París, octubre de 2014.

¡APRENDER NUNCA ANTES FUE TAN RÁPIDO!

www.en50minutos.es